I Learn By Coloring

Μαθαίνω Χρωματίζοντας

Theodore C. Papaloizos, Ph.D.

ISBN - 13: 978-0-932416-10-0

3rd Edition 2011

For more information, please visit www.greek123.com.

Printed and bound in Korea

Papaloizos Publications, Inc.
11720 Auth Lane
Silver Spring MD 20902
301.593.0652

The Alphabet - Το αλφάβητο

Αα	Νν
Ββ	Ξξ
Γγ	Οο
Δδ	Ππ
Εε	Ρρ
Ζζ	Σσς
Ηη	Ττ
Θθ	Υυ
Ιι	Φφ
Κκ	Χχ
Λλ	Ψψ
Μμ	Ωω

4

α

αγόρι

α

άλογο

α

αεροπλάνο

α

αθλητής

αγελάδα

α

άστρο

αυτοκίνητο

α

άνδρας

β

βιβλίο

β

βάρκα

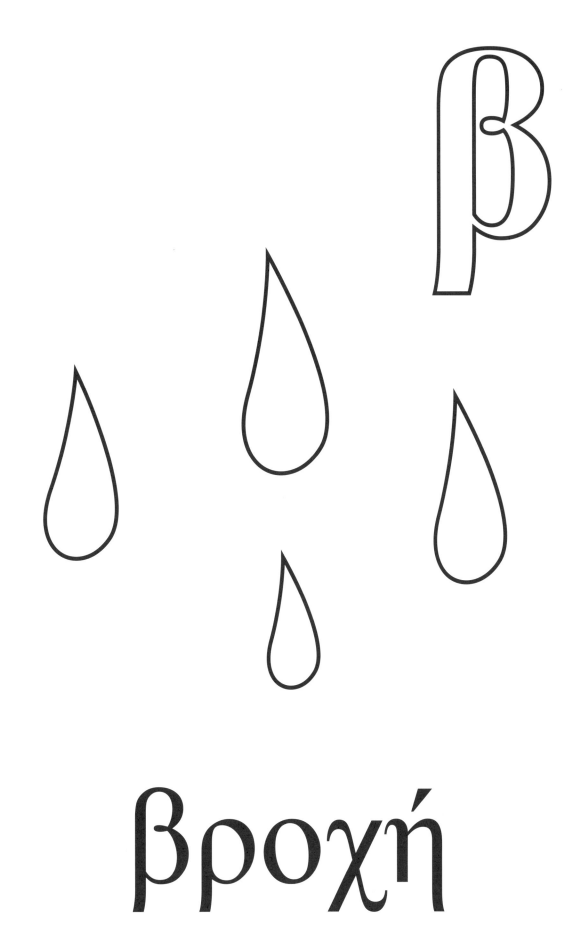

βροχή

β

βρύση

β

βαπόρι

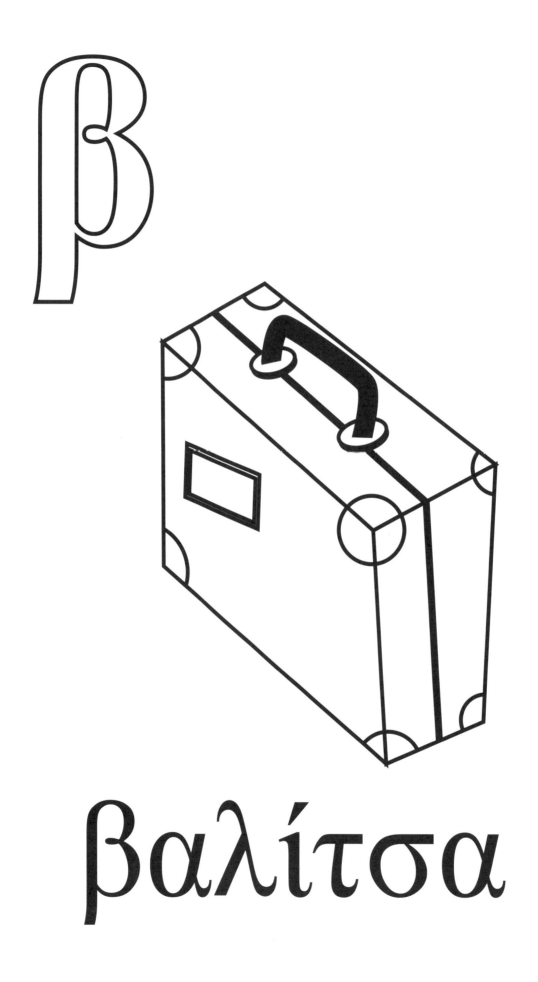

βαλίτσα

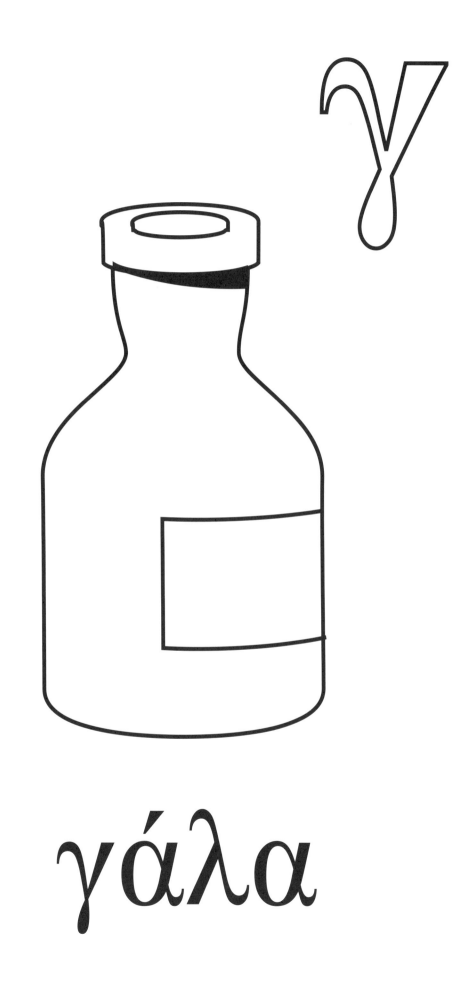

γάλα

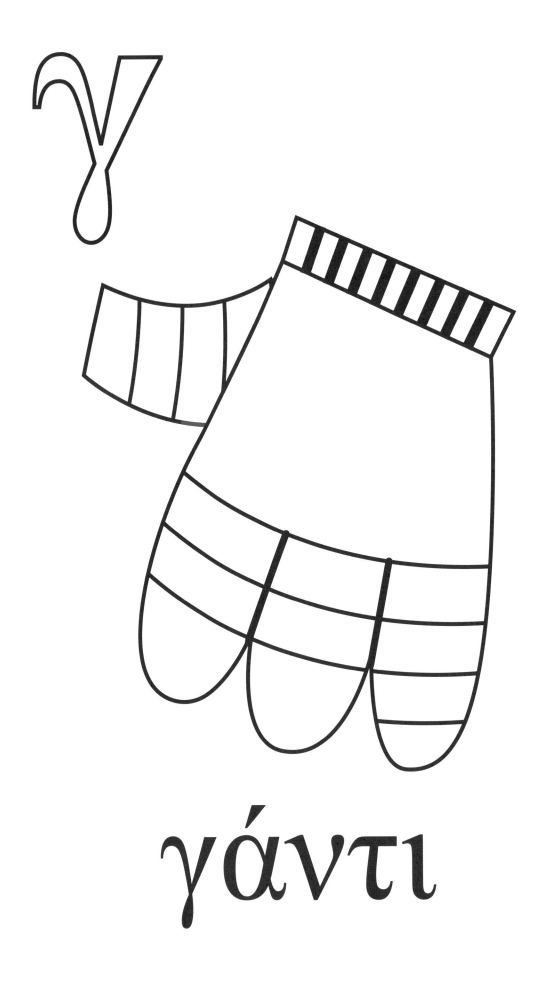

γάντι

γ

γάτα

γ

γη

γ

γιαγιά

γ

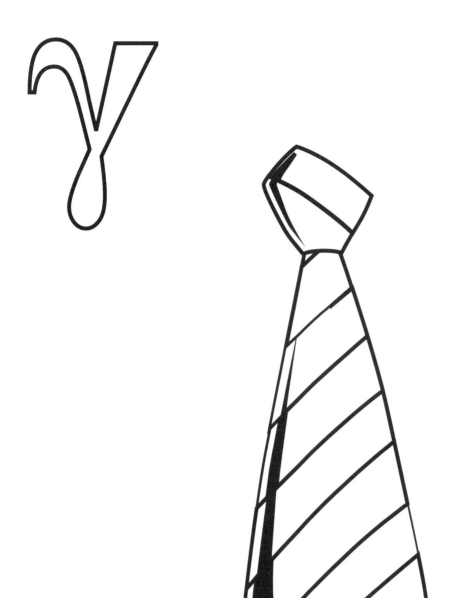

γραβάτα

γ

γιατρός

δρόμος

δ

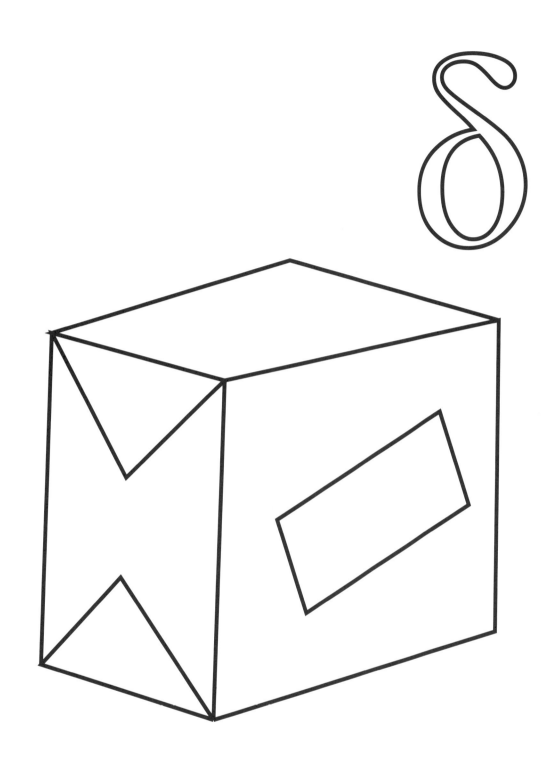

δέμα

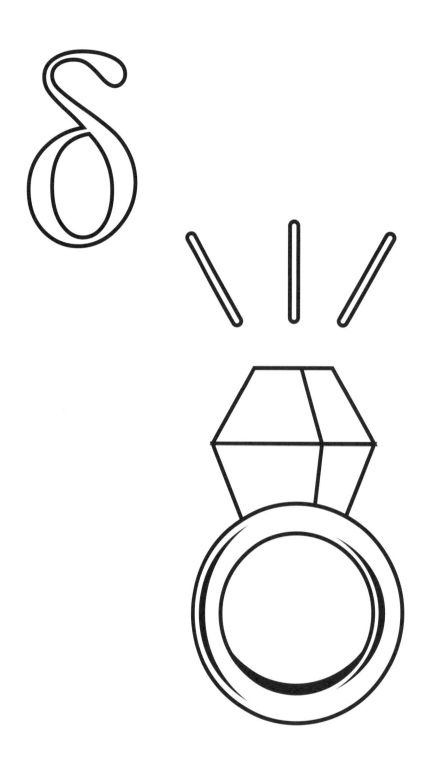

δαχτυλίδι

δ

δασκάλα

δύο

δέκα

δέντρο

δ

δώρο

δ

12

δώδεκα

Ελλάδα

Ε

εκκλησία

εικόνα

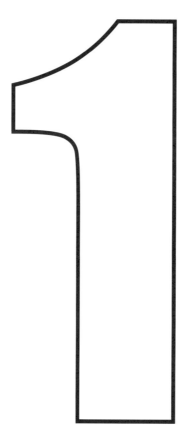

έva

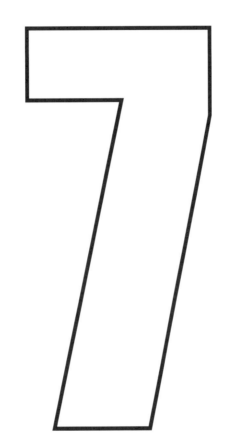

εφτά

ζώο

ζ

ζωγραφιά

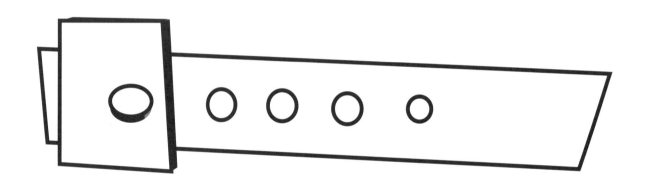

ζώνη

η

ήλιος

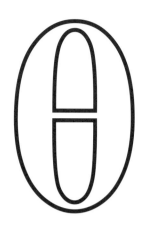

θηρίο

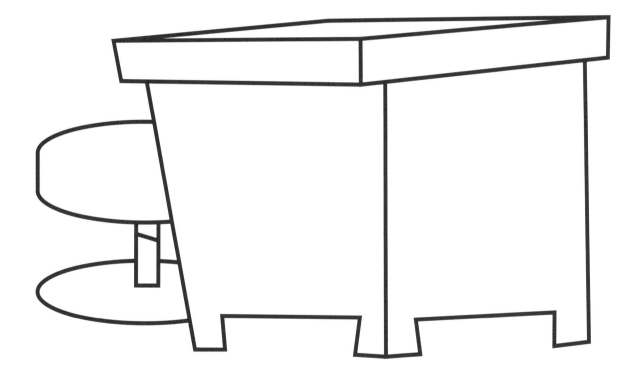

θρανίο

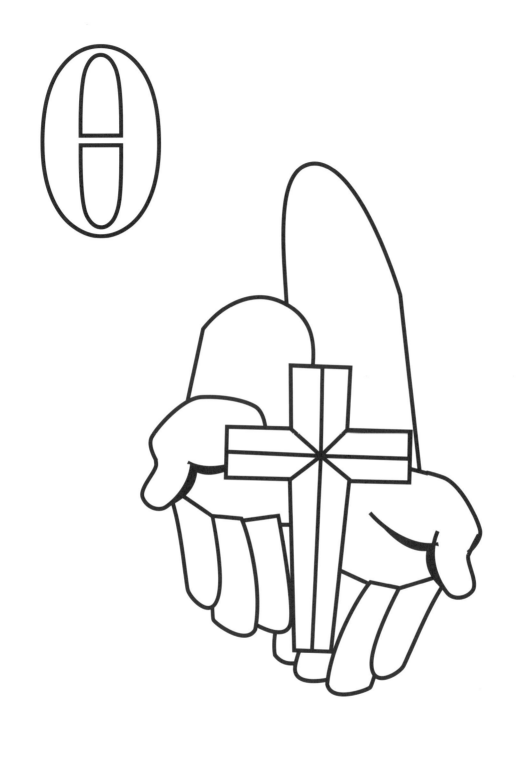

Θεός

ι

ινδιάνος

ιπποπόταμος

κορίτσι

κιθάρα

κάστρο

Κ

καπέλλο

Κ

κλειδί

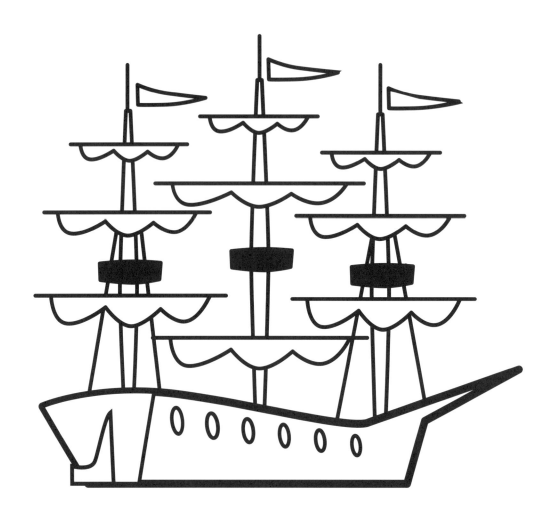

καράβι

καρπούζι

Κ

καφές

Κ

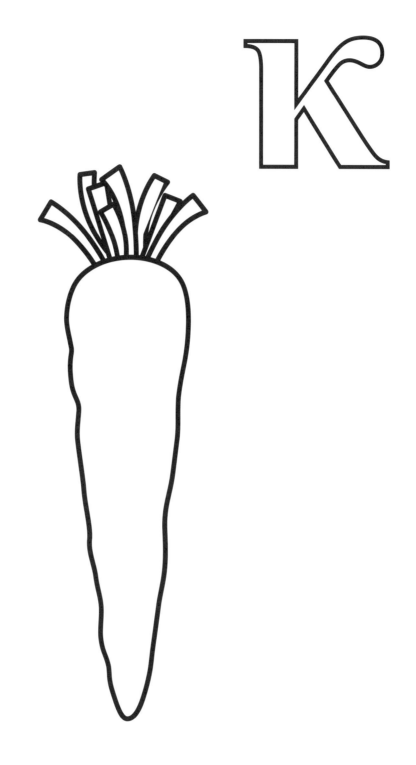

καρότο

Κ

κότα

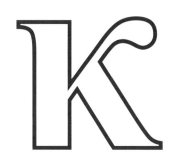

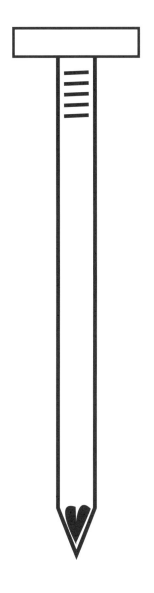

καρφί

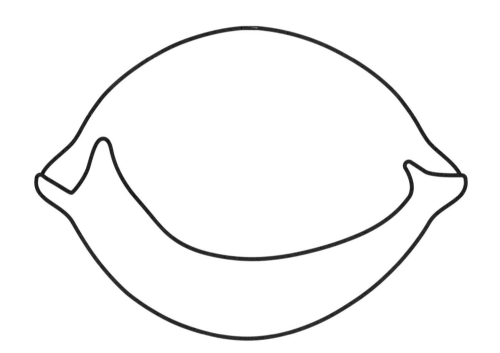

λεμόνι

λ

λεμονάδα

λ

λουλούδι

λουλουδάκι

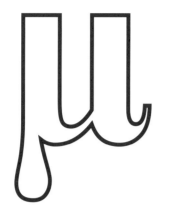

μαμά

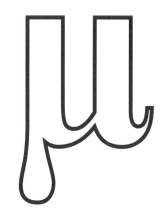

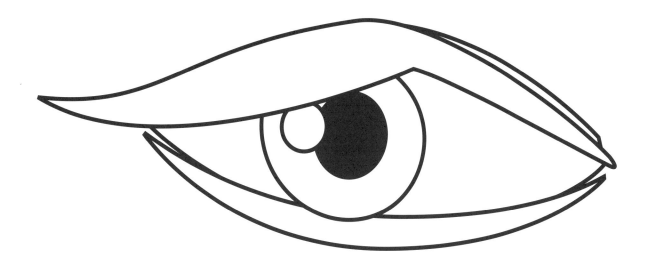

μάτι

μ

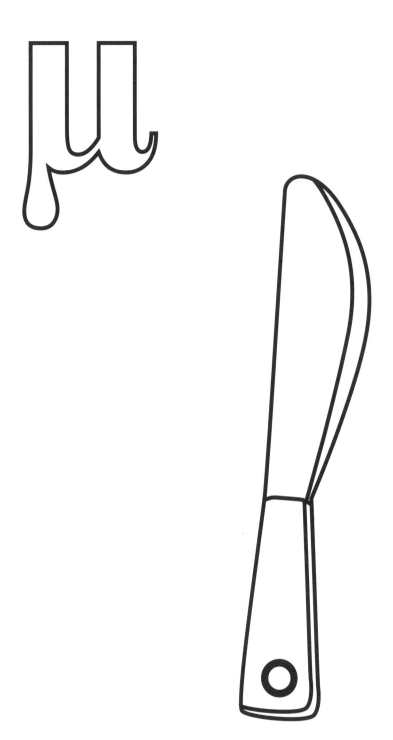

μαχαίρι

μ

μέλισσα

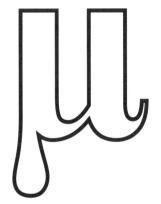

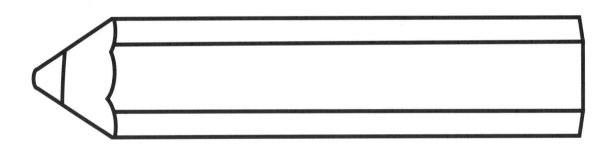

μολύβι

μ

μαθητής

μ

μήλο

μ

μητέρα

μ

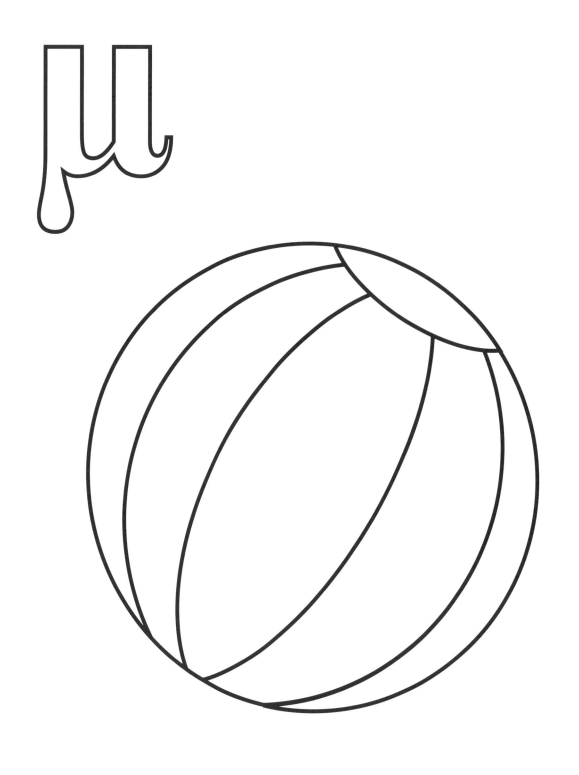

μπάλα

μ

μάσκα

νερό

νάνι

ν

ναύτης

ντομάτα

ξύλο

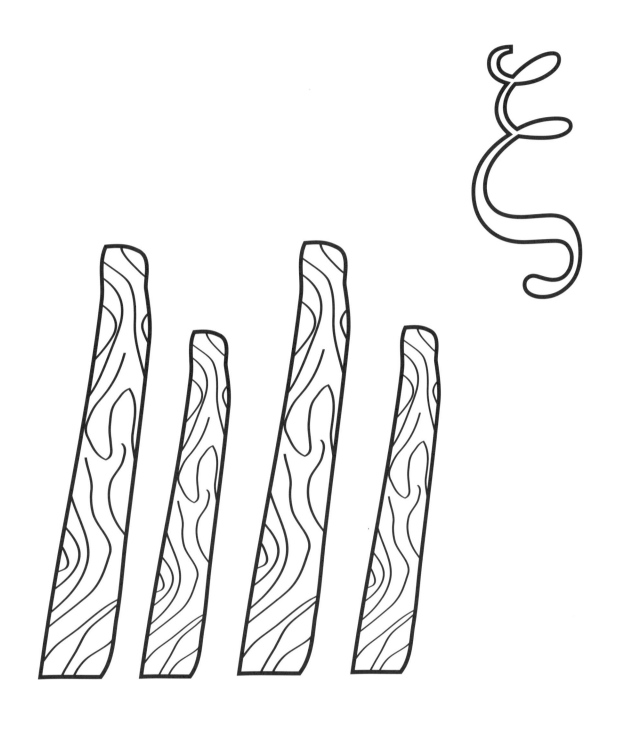

ξύλα

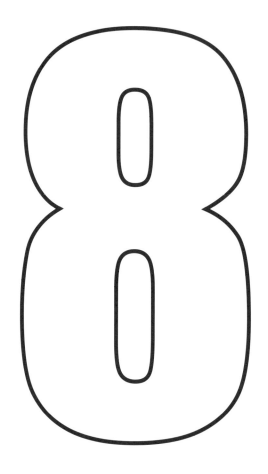

οχτώ

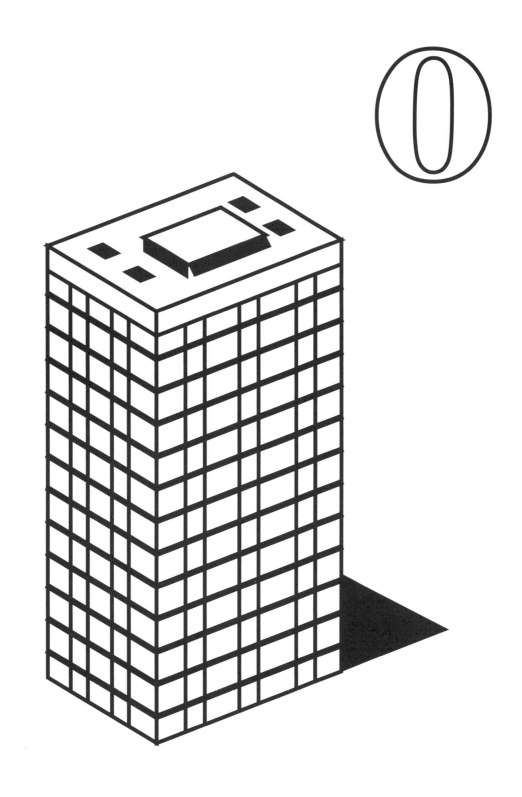

ουρανοξύστης

π

παγωτό

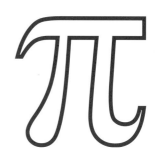

παπούτσι

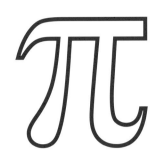

παιδί

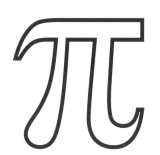

πατέρας

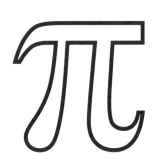

πόδι

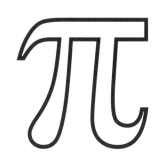

παππούς

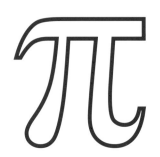

παπί

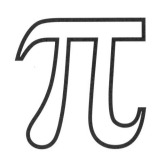

πουλί

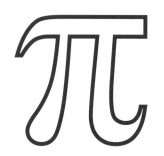

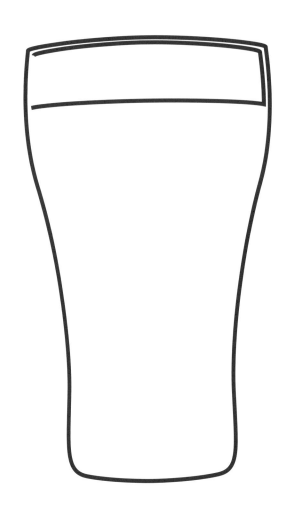

ποτήρι

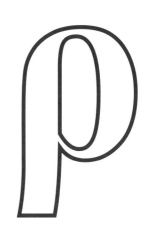

ρολόι

σημαία

σπίτι

σ

σκύλος

σ

σταφύλια

σ

σταυρός

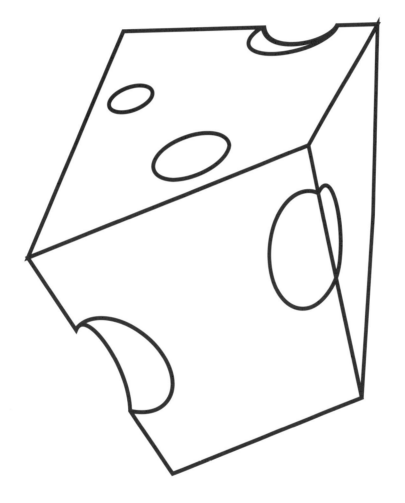

τυρί

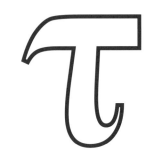

τάξη

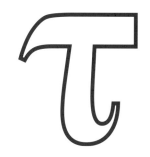

τηλέφωνο

τ

τρία

τ

τέσσερα

τ

τσάι

τ

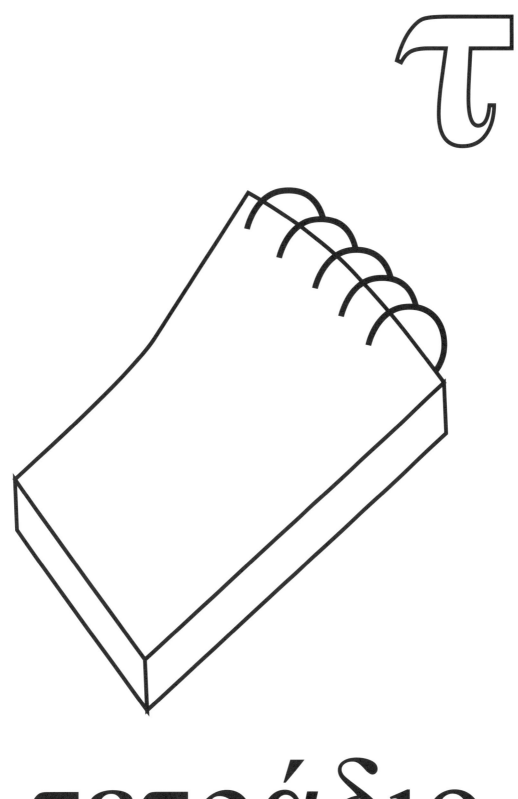

τετράδιο

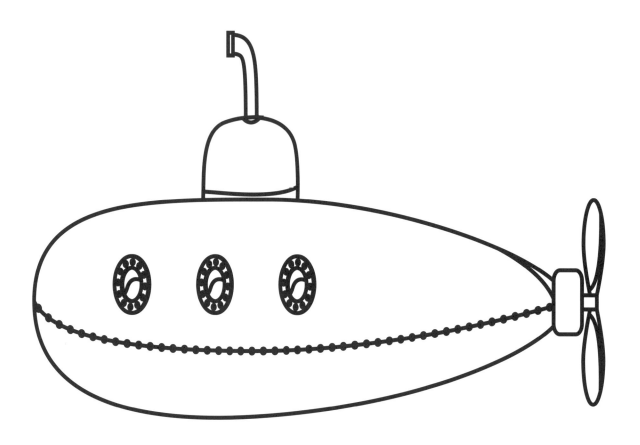

υποβρύχιο

φύλλο

φως

φράουλα

φρούτα

φεγγάρι

φωτιά

χ

χέρι

χιόνι

χάρτης

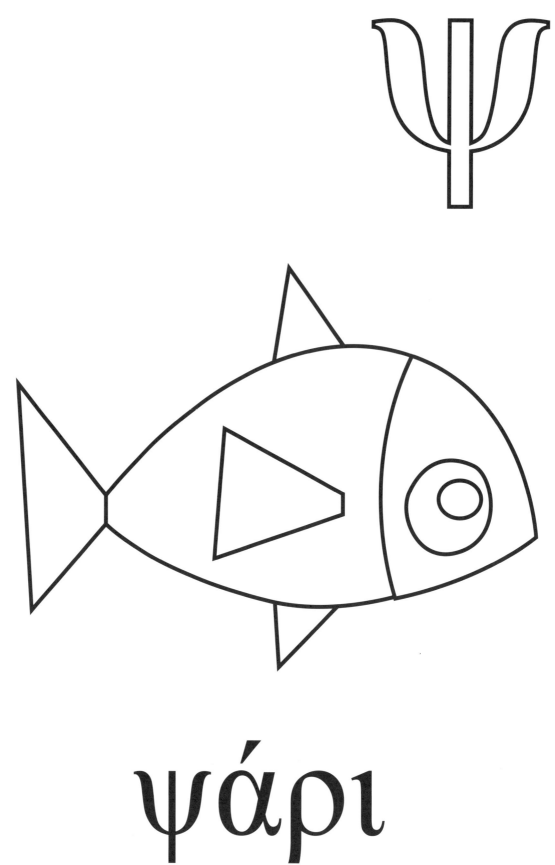

ψάρι

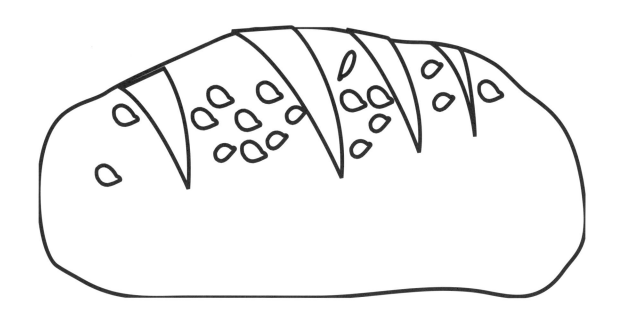

ψωμί

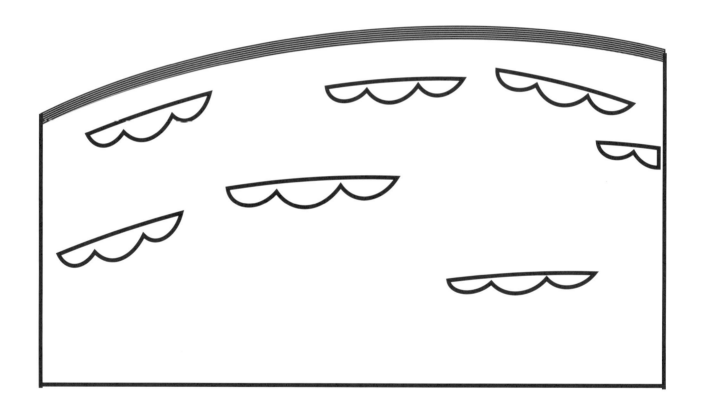

ωκεανός

We Would Love to Hear From You

Visit www.greek123.com

- New Products & Latest Releases
- Online Lesson Samples
- Teacher Support
- Feedback